坂本憲彦の創業者倫理塾

創業50年の清掃会社から学ぶ

心を磨く経営

㈱アコス創業者　小倉裕美氏が語る！

小倉　裕美　著
坂本　憲彦　著
万代宝書房　編

創業50年の清掃会社から学ぶ

心を磨く経営

㈱アコス創業者小倉裕美氏が語る！

もくじ

はじめに　「心を磨く経営」が会社を変える！……5

第一話　学生起業から50年起業への道のり

1、七人の侍！　大学時代に清掃会社をスタート！……9

2、「5％戦略」70％の顧客を手離して利益率アップを図る方法……22

3、1つのことをやるときに3つの手を組み合わせる……26

第二話　従業員の心を「いつもピカピカ」にすれば会社が変わる

1、社員全員が胸ポケットに入れている経営計画書……31

2、アコスの商品は従業員の「笑顔と挨拶」……38

3、従業員満足なくして顧客満足なし……46

第三話　50年の経営から学んだ経営者に大切な3つのこと

1、朝礼の質が会社を変える……57

2、決心と覚悟が経営者のブレない軸をつくる……59

3、どんな状況になっても最終的には自己責任で解決していく……61

はじめに　「心を磨く経営」が会社を変える！

こんにちは。創業者倫理塾の坂本憲彦です。

今回は、「心を磨く経営」と題し、創業50年の清掃会社を経営する小倉裕美会長にお話を聞かせていただきました。

小倉会長は、学生時代に7人の仲間とはじめた掃除のアルバイトから会社を立ち上げました。その会社は現在、東京の八王子を中心としてビルメンテナンスや清掃、設備保守などの事業を行い、従業員２４０名の会社に成長されています。また、業界の中でも離職率が低いことでも有名です。従業員の方が働きやすい環境を作っています。

ただ、この50年の経営の中では色々な紆余曲折があったそうです。大手の取引先が離れてしまったり、従業員からの無記名のアンケートで散々なことを言われたりと、辛い経験をされてきました。

そんなときでも、大事なことは「いつもピカピカ」という理念だったそうです。会社もお客様も従業員も、みんないつもピカピカにすることで会社の大切なものを守ってきたそうです。その中でも特に大切にされていたのは、従業員の心の幸せです。清掃の仕事は、お客様の会社をきれいにするというのが仕事の中心です。

そして、そのお客様の会社をきれいにするのが、従業員です。でも、従業員の心が、不満が溜まっていたり、不幸せになっていたりすると、仕事先でも笑顔が消えて清掃の仕事にも身が入りません。ですから、従業員の心の幸せや満足を第一に考えて経営をしてこられました。結果、八王子でも有数の清掃会社になり、離職率も低い働きやすい会社として50年にわたり成長されてきました。

今回、小倉会長のお話を聞かせていただくにあたって、私もとても楽しみにしていました。50年続く経営に大切なことや、具体的にどのようにして人をまとめてきたのかなど、わかりやすくお話いただきました。単なる机上の空論に収まらない等身大の経営は、とても学びになりました。この本を通じて、小倉会長の人間味あふれる経営者の姿を、あなたにも感じ取っていただければと思います。今回のお話は、あなたの経営や仕事にもとても役立つと思います。ぜひ、小倉会長の心を磨く経営を参考にしてください。

二〇二一年一月吉日

坂本憲彦

第一話　学生起業から50年起業への道のり

50年前、七人の侍ならぬ、七人の学生起業仲間からビル管理会社をスタートさせた小倉氏。大手自動車会社など大口顧客数社の獲得に成功し、順風満帆の事業展開に見えたものの、顧客から子会社として配下に入ることを要求されます。中学時代から結束力の高かった七人は、決断を迫られます。そこから紆余曲折のストーリー、時には、顧客を手放していく英断もしていきますが、失敗はしなかったのです。その発想はどういう所から閃いたのでしょうか？

1、七人の侍！ 大学時代に清掃会社をスタート！

釣部：みなさん、こんにちは。万代宝書房『創業者倫理塾』の時間になりました。今日はゲストに株式会社アコス、代表取締役会長の小倉裕美さん、そして立志財団理事長の坂本憲彦さんに来ていただいております。よろしくお願いいたします。では、小倉さんから簡単な自己紹介お願いいたします。

小倉：八王子市でビルの総合管理、清掃・設備・警備をしていますアコス代表取締役会長の小倉と申します。

釣部：よろしくお願いいたします。坂本さんお願いします。

坂本：立志財団の坂本と申します。本日もまたよろしくお願いいたします。

釣部：よろしくお願いいたします。坂本さんといえばこの本ですね。『6つの不安がなくなれば、あなたの起業は絶対成功する』。1・1万部のベストセラーで今話題の本でございます。皆さんお求めください。

では、さっそく小倉さんからお話をうかがいましょう。小倉さんというと学生起業をされたということで、その辺りの時代と背景、理由をお話しいただければと思います。

小倉裕美氏

小倉：私は昭和25年生まれで、現役で我々25年生まれの東大は誰も入学できてないんです。学生運動で入試がなかった年です。世の中全体が学生運動で、どの大学に入っても授業がない。ヘルメットをかぶって機動隊と当たり合っているというのが日常の感じで…。

釣部：我々がニュースで見るような光景ですか？

鼎談の様子。左：釣部氏　中央：坂本氏　右：小倉氏

小倉：そうですね。たまに出てくるような。

釣部：安田講堂が出てくるような？

小倉：上から火炎瓶とか下から放水っていう、ああいうシーンが至る所でありました。新宿駅も壊されて、山手線が４日間も走らなかったこともありました。どの大学へ行っていても授業をやっている大学がほとんどなかったと言っていいぐらい。まさにそんな時代です。

　そんな授業がない時代だから、私は地元でプラプラ遊んでいたんです。ある時に、仲間が八王子の掃除屋さんでアルバイトをしていて、そんな中でその会社が受注をどんどんして

いったんです。それで人が足らなくり、プラプラ遊んでいる我々を「来い来い！」と誘ったんです。そこへ行って働いていました。

仲間が30人くらいいたんですが、大学1年のときにその社長が、夏休みにビアガーデンへみんなを連れてったんですね。そうしたらその中の一人が酔った勢いで「もっとアルバイト代上げてくれ！」と言ったんです。でも社長が「上げない！」と言ったんです。

そうしたらその30人の中の1人が、「じゃあ、俺自分で始めるよ！」って言ったら、その社長が**「ひよっ子に何ができる！やれるもんならやってみろ！」**って言うもんですから、残りの私ら含め6人が**「やってやろうじゃないか！」**と言い返したんです。それで7人で9月から会社の真似事、アルバイトの延長線上みたいなことで始めたんです。

私の中学校の友人に、親がビルを持っている人がいたので、そういったところにアルバイト代に毛が生えたような金額で仕事をもらったのをきっかけに、仕事を増やしていったんです。大学2年の時にはもうかなり仕事をやっていたんです。

たまたま我々7人の中の1人の親父さんが板金屋をやっていたんで、板金屋の倉庫を道具置き場にしていたんですね。その道路の反対側に会計事務所の先生がいて、私たちが毎週毎週そこから荷物を運び出しているのを見て、「お前ら、もう勤労学生の枠じゃ収まらないぞ！こんなに仕事やっているんじゃ」、「株式会社を俺が作ってやるから100万円貯めろ」と言ったんです。
そんな形でスタートしたんですね。ただ、最初のスタート時は毎月7人で自分たちが他でアルバイトして1万円ずつ出して、毎月7万円ずつ7ヶ月ぐらい集めました。それから後は売り上げが上がっていき、ほとんど給料らしい給料はもらわないでそれを貯めていくというような形で資本金の100万は作ったんです。

釣部：あの時って株式会社は100万でできた時代？

小倉：100万でできた時代です。そんな形で作ったたっていうのがスタートですね。

釣部：あの時のお掃除ってどういう？ モップとか、電気でグルグル回るようなものですか？

小倉：そうですね。だから、掃除屋ってほとんど道具にお金かからないんです。一番高いのは床を洗剤で洗うポリッシャーが高いだけで、あとはモップだとか洗剤だとかワックスは、そんな高いものではないんで、起業するには楽だったですね。スタート時はあんまりお金がかからなかった。

坂本：そんなにお金がかかんなかった？

小倉：かかんなかった。それよりも人が7人もいたっていうのがデカいですね。

釣部：倉庫に入れといて車でそれ載せて、現場に行ってお掃除して。

小倉：あの頃は会社の車もなかったんで、個人の乗用車のトランクに掃除道具を積んで各作業所に行った。ガラス拭くときなんかはハシゴを持ってかなきゃいけないんで、そうするとハシゴは車に載らないから、7人でジャンケンをして負けた2人が駅前を通ってハシゴを持っていくと、恥ずかしい思いもしました。そんなことをして創業は立ち上げていきました。

坂本：その時は小倉会長が最初から社長をされて？

小倉：社長は7人の中で1人すごいのがいたんで、それが社長をやって、2代目が倫理の理事をやった山田（長司）がいて、私は3代目になります。平成5年から代表になっています。ただ、2代目の山田の時からは、代表権を持った代表取締役専務で、二人代表でずっとやっておりました。

坂本：事業として、そこからどういう形で成長されていったんですか？

小倉：変な話、一番我々もびっくりしたのは、株式会社にした途端にトラックメーカーで有名な日野自動車さんの厚生部が依頼してくださったんです。寮だとか食堂だとか、購買部っていって今でいうスーパーマーケットみたいな、会社の中にあるそういったところの掃除をやってくれと。

釣部：向こうからきたんですか？

小倉：そうです。これ不思議だったんですけれども、大学まだ2年生、3年生の頃にそういう仕事がきちゃって、我々は大学生ですっよって…。

釣部：21とか22ですよね？

小倉：21ぐらい。それが同じようにして八王子のオリンパスさん、カシオさん、東京精密さんと、運が良かったのかなんだかバッバッときちゃったんで、本当にこれはびっくりした。人伝えだとか銀行さんの紹介だとか、若いってことと一生懸命やっているってことが受けたのかもしれないんですけど、そういった形でたくさん仕事をいただいた。
日野自動車さんはもう日野工場、羽村工場と両方あるんですけど、一番ピークの時はそういった中の建物30いくつ行っていました。

釣部：何日に一回行くんですか？

小倉：寮なんかは毎日清掃のおばさんを入れているし、1ヶ月に一回は「定期清掃」という形でワックスをかけるとか、ガラスを拭いたりいろんなことをやっていましたね。

釣部：何人ですか？ 従業員というかアルバイトは？ 結構な数ですよね。

小倉：1つの寮だけでおばさんが8人とか。日野工場はすごい広いんですけど、中のトイレ清掃なんて20人

笑顔で語る小倉氏

ぐらいいたかな。あの当時、トイレに道具を置くような場所がないんで、デカい袋にトイレットペーパーを背負って各トイレと工場へ持っていくんで「サンタクロースのおばさん」って呼ばれていました。そんな時代がずっと続きましたね。

ただ、オイルショックの後、戦後雇った人が定年退職するっていう時代がきて、うちの会社を日野自動車の子会社にする、役員を送り込むぞというようなことを言われたんです。我々7人で話をして、どうせ何もないところから作ったんだから、もし資本入れてやったら、最終的には我々は追い出されて乗っ取られちゃうぞ！ということを思い、ノーという答えを返したんですね。

そうしたら、日野自動車さんは自分のところで子会社作ったんですけれども、一気に40ぐらいの建物を返されちゃ困るから毎月1つずつ建物を返してくれと言ったんです。だから、全部なくなるまでに3年半ぐらいもったんですね。その間に我々は他をということで、**もうひとつの会社にどっぷり浸かるのは危険だから、我々としては官庁に手を出そう**ということになったんです。

官庁だったら例えば日野市だ、立川市だ、八王子市だ、いろんなところがあるんですけど、一個ずつみんな別々ですからね。運よくその間に日野市役所、続いて羽村市役所の建物の清掃・設備管理・警備と総合管理で受注することができました。

釣部：あれって入札ですよね。入札するにも権利がいるんじゃないんですか？

小倉：もちろん、指名参加っていって、指名がかかった業者が入札金額を入れるというような形で落札してってたっていうところですね。

坂本：そういう形で経営の時もシフトチェンジして乗り換えていった？

小倉：そうですね。日野自動車の分は２つの市役所でかなり。金額が大きかったからですね。

坂本：すごいですね。７人で起業されて皆さん仲違いすることなく成長してった感じなんでしょうか？

小倉：これはやっぱり仲間は仲間なんですけど、仕事の考え方ではみんなそれぞれ価値観違うから、結構言い合いましたよ。

坂本：そうですよね。よく一緒に創業すると結構やり合うっていいますよね。

小倉：結構言い合うのは、これはもうしょうがない。だけど言いあった後は、またサラッと。友達は友達だから一杯飲んじゃえばね（笑）

釣部：僕、共同で立ち上げたのを4人まで聞いたことありますけど、それでも難しい別れるとか…。7人っていうのは聞いたことないですね。

小倉：中学校時代から仲が良かったんですよ。この7人ってクラスはみんなバラバラなんだけど、もうしょっちゅう休み時間には集まっている。休日は7人がいっつも一緒に遊んで、冬場はスケート行ったりいろんなことをいっつもつるんでいましたね。

釣部：やんちゃなグループってわけでもなく？

小倉：ないですね。番長グループがあったんだけど、それよりも我々のほうがデカいメンバーがいっぱいいたんで。クラスの大体後ろのほうの人間ばっかり7人というかもっといたんですね、15人ぐらい仲間が。その中の7人が始めたことなんですけれども、そんなような形で始めたっていうのがきっかけですね。

坂本：今現在はどういう事業というか、形になっているというか？

小倉：今私は69歳なんですけれども、今年度の12月でちょうど創業して丸50年になるんです。最初の約束事に、大学を卒業する時はこの会社に残るも自由、出るも自由っていうのをしていて7人のうち3人は出ました。
1人はアメリカへ、1人はフランスへ留学して、1人は八王子市役所に勤めたっていうような形で4人残って、1人は喧嘩別れ、1人は事故で亡くなりましたんで、2人残っていると。2人でずっと二頭体制でやってきたんですが、今から十何年前かな、2人で共同経営でやっていると、株式も半分、何も半分でみんな持っているわけですね。

坂本：全部半分に？

小倉：半分です。そうすると、どっちかがポックリ逝っちゃった時に、残された家族の遺産相続の問題で、株式がバラバラになっちゃいますから、きれいにグループ会社7つあったんですけど、それを山田と私で3つずつに分けました。
メインが私のほうのアコス、ビルのメンテナンスですね。片一方は家事代行サービスで、陰で金持ちの世界では結構有名になっているミニメイドサービスです。そっちを山田がきれいに分けていった。本体のアコスの株式を山田から買い上げて、ミニメイドの株式はアコスが持っているからそっちに渡してっていうような形で分けました。二頭体制でやっていると、なかなか後継者も決まんないんですよ。

坂本：それは、なかなか決めるの大変ですよね。

小倉：大変なのよ、合わないんで。だから、それぞれが分けて、それぞれ自分が選んだ人間を後継者にしようっていうことで、うちのほうは大卒で入ってきて、大体20年～25年経った人間の中から3名を社長、専務、常務と、常務は女性なんですけどこの3人を指名して、今は完全に5年前に引き継がせているというようなのが現状ですね。

坂本：すごい。そういう一緒にやってく中でのいろんな苦労というか…。

小倉：そうですね。山田のほうがそういういろんなとこから話、聞いてくるんで…。そういうのは早いですね。いろんなことが早いです。世間の会社がそろそろ動こうかなといった頃にはうちはもうやっているっていうようなことが多かったですね。

坂本：今、やっぱり後継者問題は大きな問題になっていますからね。

2、「5％戦略」70％の顧客を手離して利益率アップを図る方法

坂本：そういう中で、これまで50年経営されてこられていろんな苦労はあったと思うんですけれども、どういうところが大変だったというか、苦労したところがあったら、お願いします。

小倉：苦労したのはいろいろその時代時代にあるんですけれども、一番大変だったなと思うのは、バブル崩壊後2～3年してから**ダンピング業者がいっぱい現れるようになって業界の値段が崩れていったことです。**特に官庁は指名で入るんで、そういう業者が入ってくると値崩れ、半値5割というような形で１０００万の仕事が２００万で落札されていくと。これはとてもとてもついていけくなり、**うちの会社としては官庁を捨てるという決断**をしました。

坂本：先ほど官庁にシフトしたのが、もうそこも捨てると？

小倉：捨てる。ただ、一気に捨てたら20億円ぐらい全体で売り上げていた内の14億が官庁だったんで、これ一気になくなったら会社が潰れちゃうんで、何年か計画で徐々に徐々に落していこうっていうことで、現状まだ少し残っています。ただこれは

官庁でもアコスさんじゃなきゃっていうようなところもありますので、そういうようなところが残っています。

釣部：じゃあ、途中の時は安い値段でも受けたという？

小倉：うちはほとんど戦わなかったですね。ただ、一部戦ったのもあります。大きい物件なんかはやっぱり守らなければということと、従業員が1つの作業所で50人ぐらい清掃・設備・警備で入っているような作業所がありますから、そういったとこは守らなければならないので…。落とすというようなことはありましたね。

坂本：でも、それまで主力だった官公庁を徐々にでも手放していくっていうのは、すごい大きな決断だなと思いますけど…。

小倉：そうですね。これはすごい決断だった。

坂本：恐怖はなかったんですか？

小倉：恐怖っていうか、長年やってきたから、やっぱり捨てるんです…。

坂本：そうですよね。なかなか簡単に入り込めないですよね。

小倉：そう。取るのが大変だったんで、簡単に捨てるっていうのもね。これは悲しい部分ですね。そこで、**ミドルプライスハイクオリティーっていうひとつの打ち出しで、適正な価格で最高のサービス品質っていうことを打ち出したんです**けれども、そこは思い切って。

これは私が民間で、**20社に1社の社長は適正な価格であれば、最高のサービス、最高の品質が欲しいっていう社長がいるだろうと感じていて、うちの営業には20社で19社を捨てろ！が合言葉でした。**よそさんから見積もりを取るよなんて言ったら、うちは見積もりをお出ししません。

坂本：それはすごい！

小倉：そうすると担当者の人は「何でだ？」って聞くから、「うちはこういう会社です」とハッキリ。中にはおたくしか取らないから出してくれっていう会社もあれば、もちろんダメなところもありました。その時代はよそから見積もりを取って「こんなに安いのが出てきたんだけども、お前んとこも下げろ」というような会社さんも結構あったんですけど、そういう場合にはうちの営業は「そちらさんへどうぞ！」と言って引き下がってこいという、強気な戦略を取りましたね。
だけど、そのおかげで**今は売上は半分以下になっちゃいましたけれども、いいお客さんが民間の顧客としてたくさん残っています**ね。

坂本：じゃあ、利益率は？

小倉：安定しています。それだけのものを適正な価格でいただいていますから。ダンピングした業者は今、人は足らないしで結構四苦八苦しているみたい。

坂本：そうですよね。

小倉：最低賃金法の最低賃金はどんどん上がるんで、人件費が上がってっちゃう。でもお客さんは価格を上げてくれないし、もうどんどん利益幅がなくなりますからね。

坂本：そこは小倉会長の先見の明ですよね。

小倉：先見だったのかなんだったのか（笑）

坂本：どうしても仕事取ろうと思うと多少でも下げてとかなりますし、それを20社のうち19社捨てるって理屈では分かってもなかなか怖いじゃないですか。そこがすごいなっていうのを感じますね。

3、1つのことをやるときに3つの手を組み合わせる

釣部：何でそう思えたんですか？

小倉：なんか、閃いたっていうか（笑）。5％戦略ってミニメイドサービスがお客さんを取るのは、例えば港区で1000軒あるっていったら5％だったら50軒なんですよね。だから、**高額所得者1000軒あって、その中の5％をお客にしようと、そういう戦略**したんですよ。

それを1つの区でやり終わらなければ他の区へ移らないんです。1区をそこまでやり続ける。何ヶ月かかろうがやり続ける。それはダイレクトメール打ったり、ダイレクトテレホン、チラシ、新聞折り込みなど、**1つのことをやるときに3つの手を組み合わせる**んです。その時は4つの手だったんですけど、そういうのを組み合わせて何かをするには1つの手ではだめだったんです。

例えばハガキがくる、電話がかかってきて、新聞見たら広告が。それでマンションのポストにはチラシが入っているっていうような、常に毎日のように何か宣伝打っているんじゃないかって言われることがありましたね。

坂本：その3つの手っていうのもすごい大事だなと思って。やっぱり1つでやってしまって、それで反応が取れないんで悩んじゃう経営者さんとかも多いのかなと思う。

小倉：どれもそんなにお金はかかんなかったんで…。切手なんかも貼るのは、コインの買えるところありますよね？　格安チケットみたいな、ああいうところで安く買っていました。

坂本：この5％戦略っていうのもすごいなと思います。市場シェアの中の自分たちに合う5％をきっちり取っていくっていうのはすごい戦略です。これは経験の中で培われてきた形でしょうか？

小倉：そういうのをやってきましたからね。

【代表挨拶】

私たちアコスグループは、「いつもピカピカ」を理念に掲げています。

この意味は、社員１人１人が仕事を通じて自己を磨き高め、社会の中でお役に立つこと。そして、いつもフレッシュな気持ちを忘れないということです。更にビジョンは、「すべては笑顔のために」です。

以上のような理念とビジョンを実現するために、アコスでは「従業員満足なくして顧客満足なし」の考え方から、従業員満足に対して、自分の夢を実現することが大切であると考え、ドリームカードに自分の夢を全員が書き入れ、「アコスの根っこ」「アコスの価値観の定義」を毎朝唱和しています。

従業員を招いて私と語らう社長塾では「夢の実現」をテーマに話をして、各自の夢の発表と達成のための実践報告をしてもらっています。また経営計画発表会での夢表彰も行なっているアコスは、夢を持った活き活き集団です。

このように従業員が満足することによって、お客様に「ありがとう」を頂く会社、気遣い・気配りができる会社を全従業員が意識して、常に社員教育を行い、日々サービスの品質向上を図っています。「顧客満足と従業員満足で日本一の会社」を目指しているのが私たちアコスです。

代表取締役会長　　小倉　裕美

〔ホームページより〕

第二話　従業員の心を「いつもピカピカ」にすれば会社が変わる

アコスの社員の胸ポケットには、経営計画書が入っています。アコスでそれぞれの現場に入っている社員たちはどうやって一体感を高めているのでしょうか？　幹部となかなか接点がなかった従業員個々人に対しての満足度向上の方法は？　そして、アコスが定義する顧客満足とは？　社員が夢を描ける環境、入社面接にまで取り入れ徹底している大切な事、そして、担当営業を助ける幹部がいるから、お客様との対等な関係での取引ができているのです。

従業員のモチベーションをコントロールできない、顧客からの要望に振り回されるという事業経営者は必見の経営アドバイスです。

1、社員全員が胸ポケットに入れている経営計画書

坂本：そういう中の経営で、どういうことを大切にされていたんでしょうか？

小倉：大切にするっていうのは約束を守ることです。言われたことは必ず「ノー」とは言わないで、分かんなくても「イエス」でもらってきて、それで知っている人に聞きに行ったり、見たり調べたり、いろいろして見よう見まねで必死にやったよね。

坂本：すごいと思います。先ほどお話聞かせていただいて、経営計画書が素晴らしいなと思ったんですよ。これについてもいろいろお教えいただけますか？

86×120㎜。ポケットに入る大きさ

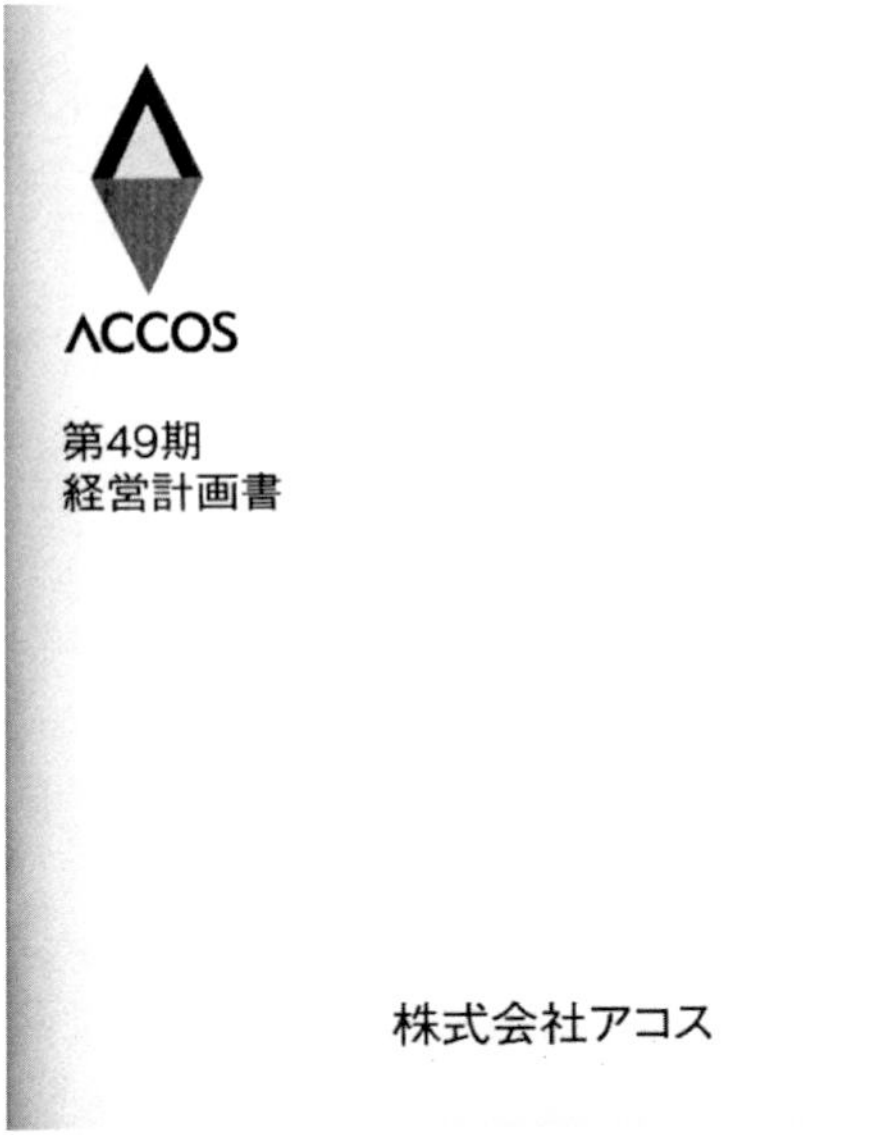

小倉：うちの経営計画書は作業

経営理念

「いつもピカピカ」

～磨け磨け自分を磨け仕事を砥石に自分を磨け～

あるべき姿

人が理想とする環境を創造し提供する企業である。

ビジョン

「すべては笑顔のために」

戦　略

「企業の永続」のために、チャレンジ精神を持ち

サービス向上を目指す。

テーマ

「約束は守る」

－4－

経営理念とは

会社では社長も社員もパートも協力業者の社員さんも、日頃仕事をしていく上で全員が共通して大切にしていく価値を定めたものが理念です。

アコスは「いつもピカピカ」をしています。

この意味は一人一人が仕事を通じて自己を磨き高め社会の中でお役に立つこと。そしていつもフレッシュな気持ちを忘れないということです。

あるべき姿とは

3年先、5年先にどうなっていたいかという願望です。

アコスの未来の姿はどうかと言うことです。「人が理想とする環境を創造し提供する」ことがあるべき姿です。

ビジョンとは

長期的視点で達成する目指すべき目標、ありたい姿を明示したものです。

アコスでは「すべては笑顔のために」です。お客様の満足からくる「笑顔」、スタッフの喜びからくる「笑顔」を創る企業を目指します。

－5－

着の胸ポケットに入る大きさで作っているんですよ。定型版じゃない大きさで勝手に作っています。最初はA４のファイルにA３で折って入れてある、マンダラという８つのコマが分かれている経営計画書で作っていたんですけど、これ作って分厚いのを一人ずつ持っていても机の引き出しに入ったまま机の肥やしになっちゃっているので。それに気が付いて、小さく小さくはしてきたんですけど、最終的にこれで落ち着いてもう15年ぐらいは経ちます。

　これはみんな作業するときはポケットに入れて、いざという時に見返せるようにするんです。いろんなことがここの中に入っていますのからね。地震のことだとか、会社の由来だとか、マークだとか、ユニフォームをどういう形でうちは

◆　**ユニフォームの由来**　◆

アコスのユニフォームには、

●コンセプトとして
　＊お客様から見て、いつも清潔イメージときちんと着こなされている事。ユニフォームから綿ボコリを出さない。（お客様の建物を、自分達自ら汚さない）

　＊従業員から見て、働きやすい・洗濯しやすい・直ぐ乾く・アイロン掛けが要らない事。
　縫製がしっかりしている。汗を吸い取る。

　＊会社から見て、会社のイメージを出している。

●ユニフォームの生地について
　アコスのユニフォームの生地は、ハイテク企業が使用しているユニフォームと同じ生地を使っています。したがって、ユニフォームの生地からは、一切綿ボコリが出ません。（東レが生産しています）更に、洗った時脱水すれば、冬でも２時間で乾く。乾いた後、アイロン掛けをしなくても良い。作業で出た汗を吸い取る。
　以上のことは、ユニフォームの生地の外側はポリエステルになっています。（したがって、直ぐ乾く・乾くとアイロンが要らない）内側はアセテートが使われています。（したがって、汗を吸い取る）

－ 10 －

●ユニフォームの色について
　アコスのマークの色を使っています。（マークは縦のひし形になっています）
黄色は、炎の色（人の温かみを出しています）…上着
赤い色は、血の色（人の血が通っている状態）…上着のチャック
灰色は、基礎の色（建物の基礎を現しています）…ズボン

●働きやすさ
　袖はラグラン袖になっています。
　ズボンはウエストのサイズに加えて、かがんで仕事をする時、苦しくないよう5センチ伸び縮みするようになっています。無理な姿勢をしても綻びないように縫製に気を使っています。
　上着のウエスト部分が、調整できるようにしてあります。（女性用）
　物を入れる為にポケットを多くしてあります。

　以上、アコスのユニフォームは、会社の気持ちがこめられて製作されています。１着あたりのユニフォームは、非常に高いコストを掛けています。
　大切にきちんと着こなして、洗濯をどんどんして、いつも清潔なユニフォームで作業をして下さい。

－ 11 －

つくったのか、みんな入っています。もちろん、経営理念からそういったものも全部入っています。これが全員に配られている。全員が持って歩いているって形ですね。

坂本：これを作ろうと思ったのは、どういうきっかけだったんですが？

小倉：経営計画書が必要だっていうことで、山田が経営計画書作らなきゃと私に言ってきたんで、私がマンダラの研修に行ったんです。箱根の研修、缶詰で２泊３日ずっと作らされたのを覚えています。ＭＹ法っていう松村先生のところでやって作っていって、経営計画発表会もその頃グループ会社でやっていましたから、すごい人数がいたんですよね。

経営計画発表会で本社スタッフだけで

毎年行っている経営計画発表会

も200人~300人ぐらいいたかな。一人ずつ発表するから、朝から晩まで。最初の組は発表しちゃうと、もうあと楽になっちゃうから、最後の組は最初のほういいんだけど、最後のほうになると緊張し始める。

最初は結構緊張してみんな聞いているんだけど、だんだん緩んでくるし、昼飯食べたあとなんか眠くなっちゃう。そんなようなことがありましたね。

坂本：それはみんな一人ひとり自分の計画を発表する？

小倉：そうです。一人ひとりの計画をその場で発表します。

坂本：それは本当に一日がかりですね。

アコスの価値観の定義

1. 自分の夢を実現する為に
一人一人が夢を持てば毎日が活き活きします。
アコスは全員が夢を持った活き活き集団です。
そして「アコスの根っ子」の実践により、夢は必ず実現します。

2. 存在価値の有る人とは
お客様からも働く仲間からも、「あなたじゃなきゃ」と言われるひとです。

3. 社会に必要な会社とは
お客様からも、社員からも、社員の家族からも尊敬、必要とされ、地域社会に貢献し、みんなを笑顔にできる会社です。

4. アコスのお客様満足とは
お客様に心から笑顔で「ありがとう」と言われる仕事をすることです！

5. アコスの従業員満足とは！
やっぱり「アコスで良かった！」と笑顔で言える会社です。

— 6 —

6. アコスのお客様係りとは！
お客様満足と従業員満足で日本一の結果を楽しく笑顔で創り出す係です。

7. アコスの二次商品とは
「笑顔」と「挨拶」です。

8. 一流のプロとは
常にお客様のご要望を知り、「そこまでやってくれるの！！」と言われる人です。

9. 「ロイヤルカスタマー」とは
いつまでも「アコスじゃなきゃ」とアコスの良さを広めてくださるお客様です。

10. 「固定顧客」とは
信頼関係の上にアコスの価値を認めて、長期的にお付き合いいただけるお客様です。

11. 「安定顧客」とは
今の作業を満足されているお客様です。

12. 「潜在顧客」とは
アコスの「考え方」を求めてくださるお客様です。

— 7 —

小倉：それとか途中からは経営計画発表会で部門別で何にするかって、課題を劇にしてみんなの前でこういうことをして、こういうふうに達成するっていうような形です。頭で描いて絵にするって言いますけど、その絵にするっていうのを劇でやるんです（笑）

坂本：すごい！

小倉：だからみんなに落ち込みは早いですよ。笑って、みんなバカ笑いしてやっていますから（笑）。でも、楽しみながらやっているし、作る方も真剣に作っているから、結構落ちますよね。

坂本：やっぱりそれで効果っていうのはすごく出ますか？

小倉：出ましたね。一体感も出るし揉んでやっているから。一人じゃなくて、部門の中でみんなで作っていますからね。

坂本：確かにそれやっていくとみんな本当に一体感出てきますよね。

小倉：会社の旅行でもそういう劇でバカみたいなことをいっぱいやったんですよ。

釣部：これさっき見せていただいたら、定義があるんですよね。

小倉：価値観の定義ね。

釣部：ちょっと1つ、2つ皆さんにご紹介いただけますか?

小倉：**「アコスの価値観の定義」**というのがあるんですけど、一般的にはひとつの言葉をやると、3人いたら3人とも解釈みんな違うんですよね、価値観が違うから。でも、そうなっちゃいけないんで、会社で12の言葉だけは全員が同じ価値になるよう価値観の定義を作りました。

例えば、「存在価値のある人とは?」と。これは「お客さまからも、働く仲間から

こんな会社を目指します!!

昭和44年18歳で大学1年生のとき、中学時代の仲間7人で清掃会社のアルバイトをしていました。7人の仲間と夏休みに話し合って、ビル清掃会社をつくり、その会社を根っ子にして、自分達1人1人の将来やりたい仕事の夢を語り合い、会社をたくさん創って行く事を誓い合いました。

そして設備メンテナンス、警備、家事代行サービス、建築・設備の営繕工事等を営んで、また「サービス日本一」と「会社を大きくする」事を目指しました。

現在、創業時の仲間も2人になり、アコスを中心に「サービス・品質日本一の夢」をミニメイド・サービス㈱が実現させ4つのグループ会社となりました。

また世の中は、世界情勢も日本の政治・経済も大きく変わり、会社の考え方も、従業員1人1人の考え方も大きく変わりました。これからは、アコスグループで働く従業員の皆さん1人1人の夢を実現する為に、アコスは

「顧客満足と従業員満足で日本一の会社」

を目指し、アコスの根っ子を大事にして、

『存在価値の有る人を育て、』
『そして社会に必要な会社』

こんなすばらしい会社を目指します。

株式会社アコス
お客様係＆代表取締役会長　小倉　裕美

－8－

◆ ACCOSの由来 ◆

●お客様のご要望

＊平成4年頃、時代に合わなくなって来たことと、お客様からのご要望は「短い社名にして欲しい」、「書類の枠に入らない」等のお声を多く聞かれました。

●C・Iの導入

＊プロジェクトチームを設け、C・Iを導入する事になり平成5年10月、社名は、カタカナで「ア」で始まる3文字から選出され「アコス」ACCOSに決定しました。

●ACCOSの意味

＊Aは、“Amenity”（精神的な快適）

＊Cは、“Comfortable”（身体的な快適）

＊COは、“Communication”（コミュニケーション）

＊Sは、“System”（システム）

文字の一部を使用、未来への飛躍を期する私たちの大きな目標と願いを込めています。

－9－

も、あなたじゃなきゃと言われる人です」と。こういう言葉を作ったんです。これ作るのが大変だったんですよ。

坂本：これはどうやって作ったんですか？

小倉：商工会の会議室を朝から晩まで借りて、30人ぐらい集まって合議で決めたんです。うちは会議全部合議なんです。一人でも反対したらそれはやらない。中身を変えてもう一回やるとか、そういうような形で、全員が賛成するまではいろんな会議の場でもみんなそうなんです。これもそうなんです。「は」と「を」の違いだけで、俺は！って言ってやり直す。

これ1日で12の言葉全部できちゃうかと思ったら、3日かかりましたよ。朝から晩まで、朝は9時から夜は9時ぐらい、12

時間。３日間かかりました。例えば、「一流のプロとは？」と。これ「常にお客様の要望を知り、そこまでやってくれるのと言われる人です」と。

2、アコスの商品は従業員の「笑顔と挨拶」

小倉：あとは「アコスのお客様満足とは？」ですね。それは、「お客様に心から笑顔でありがとうと言われる仕事をすること」です。それから、「**従業員満足とは？**」は、「**やっぱりアコスで良かったと笑顔で言える会社**」って。笑顔っていう言葉がほとんどに入ってきているんです。

坂本：すごい。その笑顔っていうのがやっぱり…。

小倉：キーワードですね。うちはこれで。もうひとつあるんですけど、「**アコスの二次商品とは？**」**というもので、これは「笑顔と挨拶です**」と。清掃をやる人は清掃、設備管理の人は設備で警備員は警備員の仕事なんですが、その次にくるのは笑顔と挨拶があなたのやることですよということです。笑顔と挨拶は徹底してうちはやっています。ですから、お客さんの評価はすごく高いです。

坂本：そうですよね。確かにあんまり言っちゃうとあれですけど、愛想の悪い方と愛想のいい方みたいな方がいらっしゃって、やっぱり愛想のいい方だと声かけやすいというか。

小倉：面接の時も5つあるんですけど、その中のひとつは笑顔があること。笑顔はそんな素晴らしい笑顔じゃなくても、笑顔をつくれる人は教育でいい笑顔に変えることできます。ですが、笑顔が全くない人は笑顔をつくることすら難しいので、うちでは面接の時に笑顔があるかないかっていうのを徹底的に採用条件の中に入れています。

坂本：最初からそこがポイントなんですね。

小倉：パソコンで笑顔の顔を撮影して点数が出てくるのがあるでしょう。あれは会議でしょっちゅう使っています。

釣部：笑顔何点っていうのがあるんですよね。

小倉：笑顔をこうやってカメラに向けると、それが何点ってパソコンに出てくる。

坂本：へー、すごい！

小倉：20秒間映るんだけど1回でいいから100点に到達するっていうことがひとつのうちの目標なんです。

坂本：そうなんですね。だから、会長はこんなに笑顔が素敵な（笑）

小倉：でもね、20秒間ずっと100点っていう人間もいるんです。

坂本：すごい！それでやっぱり顧客満足度もすごい高いんしょうね。

小倉：上がりますよ。笑顔と挨拶さえあれば、他のことは少々…（笑）。掃除が少々汚くても人間性というか、キャラクターでお客さんは満足しちゃうと思いますよ。

坂本：そうですよね。よく分かります。私も前に入っていたビルの清掃の方がちょっと怖い感じの方だったから、なかなか声をかけ難かったなと思っていました。

小倉：だから、ビルメンテナンス協会がよくいわれるのは、**顧客満足度の95％は笑顔**

と**挨拶**だって。

坂本：なるほど、もう掃除の内容以上にそっちの？

小倉：そっちのほうがお客さんに対しできれば満足度は高くなる。

坂本：さらに小倉会長のところは従業員満足度もすごく高いとお聞きしたんです。その辺りはどういうふうに？

小倉：これ先ほど言ったミドルプライスハイクオリティーの時に、ハイクオリティーで品質上げろって、言葉で言ったって変わんないんですよね。いくら従業員に何度言おうが変わんない。**品質上げろって何を言われているのか分かんない**。それで気付いたのは、アンケートをとろうっていうことと、**2者ミーティング**っていうことで、うちの会社ではその作業所で働いている従業員と、会社の本社にいる役員、社長以下何人かが行って従業員と2者で会議するんです。

忌憚のない意見を聞くために始めたんですよ。お客さんの大体会議室を借りて、それも仕事時間中に1時間いただいてそれをする。お客さんもオーケーしてくれるんですね。

釣部：普通、社長と会うってないですよね。

小倉：ない。ないんだけどそれをやって忌憚のない意見をいただく。それで、**社長はその場でできることはすぐやる。時間かかることは時間くれ、できないことはできないって、この3つしかない。**従業員から忌憚のない意見を言われた時に、その3つをやるというような形でやっていくということが、満足を上げるひとつと、もうひとつは、**従業員満足度アンケート**ですね。

これは先ほども言っているミニメイドの山田のほうが先にやったんですけど、そうしたら彼から「覚悟してやれよ。くそみそに書かれるから、それを怒るんだったらやっちゃだめだ」と言われました。でも、私もそれは我慢することを覚悟してやったらめちゃくちゃに書かれて、やっぱりカチンときてしまいまして。

坂本：そんなに言われたんですか？

小倉：無記名で無能な経営者バカだとか、お前の給料よこせ！だとか、もう（笑）

一同：えー！

収録中の３人。

小倉：めっちゃくちゃに書いてきますよ。もちろん、ちゃんと回答してくる従業員もいるんですけど、中にはいろんなこと書いてくるんで。でも、３年経ったらもうアンケートも二者ミーティングもその場で答えるようになりました。言ってきた要望に対して、できることとできないこと、それからを時間くれということの３つで全部答えて従業員をアップしてきましたんで、３年経った時にはもうニーズで、こうしてくれたらもっとこういうふうに良くなるんだけどっていうような話がほとんどになりましたね。

今ではもうほとんどそういう話もないから、他の話をしていますよ。忌憚のない意見というところからもう一歩上にいって、どうしたらもっときれいになるかとか、作業所内のさっき言った**3S3定**（整理・整頓・清掃の3つの「S」、定位・定品・定量の3つの「定」）、整理整頓ですね。用具置き場とかだとかそういったところを社長以下みんな見てどうなのか。

そして休憩室。作業所の休憩室って結構掃除の場合には、いいお客さんの場合にはいい控室くれるんですけど、中には階段下の真っ暗な道具と一緒のところで休ませるようなところもあったり、いろいろあります。そういうところを見てお客さんと交渉する。

今の時代って下請けだから我慢しろということもないですから。対等な関係ですから、お客さんに要望して、少しでもいいところで休憩させられるような形というのもやっています。社長はそういうのを今見て周っていますよ。

坂本：社長さんがそういうのをちゃんと交渉して？

小倉：そう。社長が必ず交渉するかは分からないけど、でも、見ておけば指示を出せるし、お客さんと会った時にも社長自身も言うし担当も言う。

担当だけじゃなかなか言えないんですよね。社長が言ったあと、うちの担当が言う分にはそんなに問題ないんだけれど、いきなり担当がお客さんの担当者に言ったら…バカ野郎！ なんて（笑）

釣部：会社側も社長が自分の会社のためじゃなくて、社員のために来ているっていうから受け入れやすくなる。来たあとに担当が言うと、「あ、社長なんか言ったな」っていうのもあるし、従業員からすると、社長さんが自分に会いに来てくれたっていうのはすごい嬉しいことですよね。

小倉：そうですね。だから、役員と会って対等で話すっていうのも従業員としてみれば大切。だから、誕生日会の時も各テーブル大体6人から7人ぐらいなんですけど、その中に役員1人ずつが入ります。ひとテーブル毎に入っていろいろ話しをしていく。

坂本：誕生日会をそうやって従業員さんを集めて毎回やってらっしゃるのはすごいですね！

釣部：それはホテルでコース料理を出して？？

小倉：そうです。その料理も毎回コックさんが変えているんで、従業員も毎年違う料理が食べられるし、珍しい料理を結構出してくれるんで、みんな楽しみで。

坂本：すごい！ 本当に従業員さんを大事にしているというか。収穫祭みたいなのもされているとか？

小倉：そう。収穫祭というか畑で採ってきた野菜なんかも誕生日会の帰りには、みんな一袋ずつ分けてみんなお土産で持たす。

釣部：会社で農園を持っているってことなんですか？

小倉：そうです。農場というか畑を持っています。

会社が持っている畑

3、従業員満足なくして顧客満足なし

坂本：それで今従業員満足度がすごく高いって聞いたんですけど。

小倉：そうですね。大体今91ぐらいまで従業員はいっていまして、並行して顧客満足が上がってきます。だから今79、今年は80超えるんじゃないかなと私は感じていますけど、上がる分だけ上がって、これ正比例で上がってきますね。

坂本：やっぱり先に従業員満足度なんですね。

小倉：そうです。日産のゴーンさんは、「顧客満足なくして従業員満足なし」って言ったんだけど、私は**「従業員満足なくして顧客満足なし」**って。業種が違うから違うのかもしれないですけど、私は従業員を大切にすることによって、その従業員がうちの清掃作業を通じてお客さんの建物をきれいにしたりするから、お客さんはそれを見て満足するというような形になっていますね。

坂本：そこをしっかりされているって、なかなか分かっていても従業員にそこまでできないっていう会社もたぶんいっぱいあると思うんですよ。それは本当にすごいなと思いましたね。

収穫に参加したみなさん

釣部：結構、福利厚生にお金かけているんですよね？

小倉：福利厚生は変な話、我々の業界では1万人以上いるビルメンテナンス会社って結構あるんですけど、こういった会社でも健康診断なんて年一回従業員全員にやってないんですね。でもうちの会社は全員やっています。中には行かない人間もいるんで、うちは9月30日が決算なんで、10月1日からその1年間受けなかった人間は出勤停止で、健康診断受けたら現場へ戻れるというような形にしています。

坂本：従業員さんの平均年齢もすごく高いそうですね？

小倉：掃除屋ですからどうしてもね。平均年齢は65歳ぐらいです。女性だけで250名ぐらい清掃員がいるんですけど、そういう人たちが大体65歳です。70歳が定年なんですけど、今人が集まらないから70歳っていうわけにいかないんで、お客さんがオーケーしてくれたら多少延長していく形はとっています。

坂本：やっぱりお客さんに聞いてオッケーかどうかっていう形で？

小倉：そうですね。一応お客さんには確認します。「うちは70歳なんだけれども、本人は健康診断を見て健康だし、そして本人も延長したいっていうことを願っているんだけどお客さんいかがですか？」ってことをやると、お客さんは大体ウエルカムで「ここへ来てくれ」と言ってくださいます。こういうような形で、長年いますからね。5年、10年、長い人は20年ぐらい同じ作業所にいます。

坂本：それはすごい！じゃあ、その信頼関係はもう？

小倉：もう主みたいになっている（笑）

坂本：逆に社員さんより下手したら長い方もいらっしゃるっていう感じですもんね。それだけの信頼関係ができているからこそですよね。

小倉：そうですね。我々の業界って、今日入って明日辞めちゃうって人たちも入れて平均勤続年数って1年ないんですよね。でも、うちの会社は今日入って明日辞めちゃう人もカウントして3・8年あります。これは業界でも破格の年数だと思うんですけど、従業員満足を通じて勤続年数も長くなっているんです。

表彰もいろんなことやっています。夢表彰だとか、いつピカカードだとか、そういうカードで一番いい最優秀取ると10万円。

坂本：そのカードは何を書くカードなんですか？

小倉：「ありがとうカード」とか、「いっピカカード」っていっぱいあるんですけど、「ありがとう」をお客さんから言われた時に、それを書くんです。それから「気遣いカード」。気遣いを受けたときに、自分が気遣いした時も書く人もいるんだけど、気遣いを受けたことを気付く人は感謝があるんです。気付ける人は感謝の心が持てるんです。ですから、これはすごく大切にしています。

あとは「発見カード」っていって椅子が壊れている、ドアがギーギー音がするとか。それと「夢カード」っていうのがある。うちは夢を全員に書かしています。ここに夢を書くところがあるので、夢を達成した人の中から毎年1名に10万円。もらった人は大体夫婦で旅行に行っていますね。

釣部：夢は個人的な夢でいいわけで

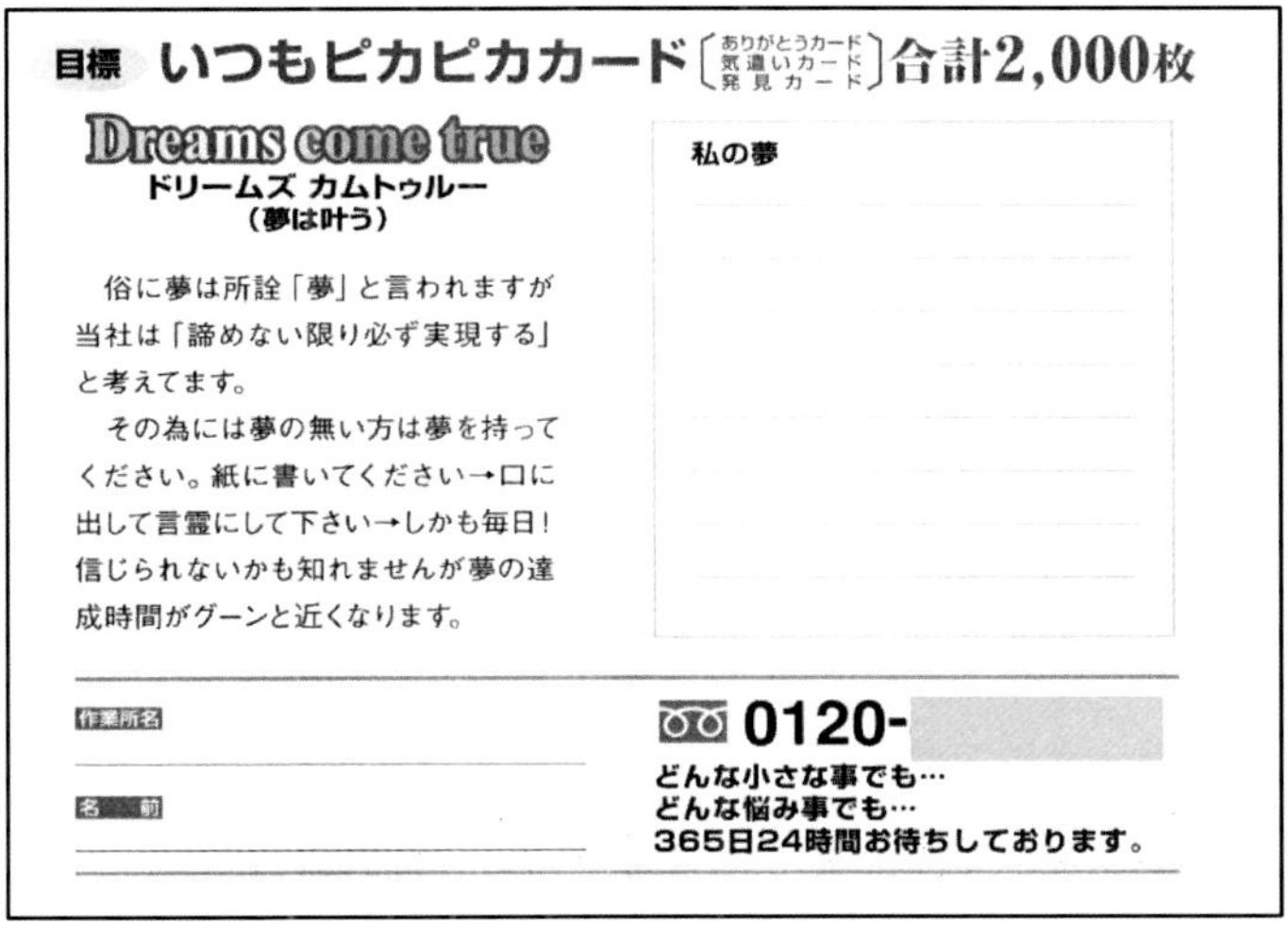
目標　いつもピカピカカード〔ありがとうカード　気遣いカード　発見カード〕合計2,000枚

Dreams come true
ドリームズ カムトゥルー
（夢は叶う）

俗に夢は所詮「夢」と言われますが当社は「諦めない限り必ず実現する」と考えてます。

その為には夢の無い方は夢を持ってください。紙に書いてください→口に出して言霊にして下さい→しかも毎日！信じられないかも知れませんが夢の達成時間がグーンと近くなります。

私の夢

作業所名

名　前

0120-

どんな小さな事でも…
どんな悩み事でも…
365日24時間お待ちしております。

すか？

小倉：そうです、個人的な夢です。もちろん会社は関係ないですから。東海道五十三次を歩いてずっと行ったっていう方もいました。途中で旦那が病気になっちゃって、歩ける範囲を歩いては戻ってきて、次の日曜日とかまたそれを繰り返してやったんだけど、途中で旦那さんがかなり大病したんです。もう歩けないような状況になって諦めたんだけど、旦那さんが奥さんにどうしても叶えさせてやりたいってことで、必死になってリハビリしてなんとか歩けるようになって、距離はそんなに歩けないんだけど、それを繰り返していって全部歩いたんですよ。その夢を表彰しました。これはすごかったですね。我々もびっくりしました。

自社の畑で収穫する小倉氏

夢でも簡単な夢を言う人もいるんです。それと夢で怖いのは、私家族で旅行行くっていうのを書く人結構いるんですよ。家族で旅行行くんだったら、お金ちょっと貯めてみんなで行きゃいいですよ。

坂本：そうですね。

小倉：俺はそれを言っちゃったんだよね。「そんなこと簡単じゃないか」って言ったら、その人の場合には家族がもう小さい時にバラバラになっている。バラバラになっていて夢で家族全員が集まって、昔の小さいときのあれで今集まって、その家族全員で旅行がしたい。それをうっかり俺、余計なこと言っちゃったんです。

坂本：そうですね。人によってはやっぱりね。

収穫後、社員との団欒

小倉：人によって全部違うんで、自分の感覚でやっちゃうと「そんなの簡単じゃないか」って。俺はそれ以来、絶対余計なこと言わないようにしています（笑）

感謝を込めて従業員の誕生日を祝う

【アコスの従業員満足への取り組み】

１、経営計画書・ドリームカードの配布
２、経営計画発表会への参加
３、福利厚生の充実
（うがい薬、スポーツ飲料、バンドエイドの配布等）
４、定期巡回
５、いつもピカピカカード
６、会議の開催(責任者会議・１人作業所他)
７、JQA（日本品質保証機構）・JBQ（日本ビルメン経営品質協議会）の取り組み
８、社内報「もっぷ」で情報共有
９、従業員満足度アンケートの実施
１０、社長塾(誕生日会)の開催
１１、悩み事相談 24 時間受付
１２、地震・震災対策
１３、請負賠償保険の加入
１４、救命救急資格取得支援

第三話　50年の経営から学んだ経営者に大切な3つのこと

倫理法人会の会長になった小倉氏、その結果、会社で良い変化があったようです。そして、仲間で創業した小倉氏ならではのアドバイスもあります。世間は新型感染症で経済的なダメージを受けた事業者もいますが、どうすれば拾ってもらえるのかを小倉氏は説きます。ブレのない経営で半世紀にわたって続けてきた秘訣は何でしょうか？ 起業者を指導する坂本憲彦も感銘を受けて、改めて軸の大切さを語ります。

1、 朝礼の質が会社を変える

釣部：小倉さんは倫理法人会という経営者の心のあり方を勉強するところに入っているんですけど、入る前と入った後とどんな変化が出てきたんですか？

小倉：私よりは先ほど言った山田が、その昔アコスで35年ぐらい前に倫理法人会に入っているんです。そして今から20年前に山田が東京都の幹事長の時に、日野市倫理法人会をつくる話があって、会長がいないというような状況ができたんで、私に会長をやれっていうんですよ。その頃まで私は全然倫理法人会には関わってなかった。うちの会社では山田が入っていた。

釣部：会社が入っていて、行くのは山田さんで小倉さんは行ってなかった？

小倉：そう。私はロータリーとかそっちやっていて。だから、そんなんでやってなかった。でも、20年前に倫理法人会をつくるからっていうことで、3年間会長をやりました。倫理の教えでかわったのはやっぱりいろいろありますけど、**朝礼の質は変わりましたね**。

朝礼は前からやっていたんだけど、朝礼の質は変わりました。それから『職場の教養』を繰り返し繰り返し繰り返し読んでいるのはあります。『職場の教養』って文章は違えども、何ヶ月か一回の内容は同じようなことを繰り返しているんで、そういったところで従業員に落ちてきていると思います。あと、整理整頓だとか掃除、そういったものをきちんとやるような形にはなってきていますね。

それと、使う**言葉が倫理の言葉になって結構出ています**ね。「準備のための準備」だとか、「確認」だとか、「矢印合わせろ」とかね。

そういった面では倫理のことをうちの従業員も理解しています。私も毎月一回、「破壊と創造会議」っていう土曜日出勤にして全員が会議やっているんです。その会議の時には私の時間をもらっているんで、どちらかというと経営的な話じゃなくてそういった話を中心に、自分の行いだとか、課題達成するためにとか、その都度会社に起こったような

ひの多摩倫理法人会設立20周年祝賀会で挨拶する小倉氏

ことを題材にして、「報告・連絡・相談」だとか、そういうのをやっていますね。そういう中で落ちていっていると思うんです。

坂本：すごく倫理の学びも活かされているってことですよね。

2、決心と覚悟が経営者のブレない軸をつくる

釣部：最後になるんですが、若いこれからの経営者に向けてアドバイスをいただきたいと思います。

小倉：アドバイスね。仕事始めるのは簡単なんだけど、すぐやめちゃう人ってたくさんいると思うんですけど、やっぱり**やめないためには覚悟を持つっていうことで、何がなんでもやるっていう決心と覚悟を持つっていうことが大切なんじゃないかなって**感じます。

やっぱり一人でやると、そこが揺らぎやすいから、できれば何人か仲間とやるほうがいいのかなって気はします。私はそうやってきましたから。ただ、これある程度まで、その後は喧嘩しちゃうから難しいと思うんです。だから最初は二人でやったほ

うが一人よりは勇気をもらえるっていうか。

でも、相手をあてにしたらこれはもう最悪ですよね。自分で率先垂範していくっていう中で、二人でやるっていうことが大事なんです。

釣部：覚悟っておっしゃいますけど、例えばコロナの騒動で僕の周りにも店をたたまなきゃいけないとか、お客さんが半分以上減ったとかっていう方もいて、どうしようって思っている方がいらっしゃいます。そういうのに直面した時に覚悟を持っているっていうのは、もうちょっと具体的に言うとどうでしょうか？

素敵な笑顔で語る小倉氏

小倉：このコロナでいえば、どうするかって、**やめるんならやめりゃいいんで、それも覚悟、決心です。続けるんなら続けるだけど、どうして続けていくのかってことが非常に大事だと思うんですよ**。だから、一時的に休んでやるのか、次のチャンスが来るのを待つまでは、政府の補助金だとかそういうので一時的にはあれしてってこともひとつあるし、それから中身を変えるっていう決心もあると思う。

それに近いようなことでお客さんがある程度読めるような、そっちに変えるっていうことも覚悟で変えることができると思うんです。そこをどういうふうにするかは、自分ははっきりしていればできるんじゃないかなと思います。

ただ、**普段なんにも考えてない人が、いきなりこういうのがくると、これはどうにもならない**よね。迷っちゃうよ。お前が悪いんじゃないかっていうような他人の責任にしていても、解決にならないんで。自己責任としてどうするかですよね、会社は。

3、どんな状況になっても最終的には自己責任で解決していく

小倉：どんな状況になっても最終的には自己責任で解決していく。**これは誠心誠意持っていると誰かしらが認めてもらえる。捨てる人がいれば拾ってくれる人が必ずいる**はずなんで、でもそれが一生懸命やってなかったら誰も拾ってくんないよね。仲間になってくんない。

釣部：やめるにしても覚悟を持ってやめればこそですね。これで今の業態とか会社はやめるぞ、と。次こっちにいくぞっていうものを持つにしても未練があったらいけな

いですよね。続けるなら続ける我慢だし、業態だけを変えるとか。小倉さんでいうと、行政に軸足を移してうまくいっていたけど、またそれから軸足を移すっていうのも覚悟があったからこそ。

東京都倫理法人会紙『Good Morning』で取材を受ける㈱アコス

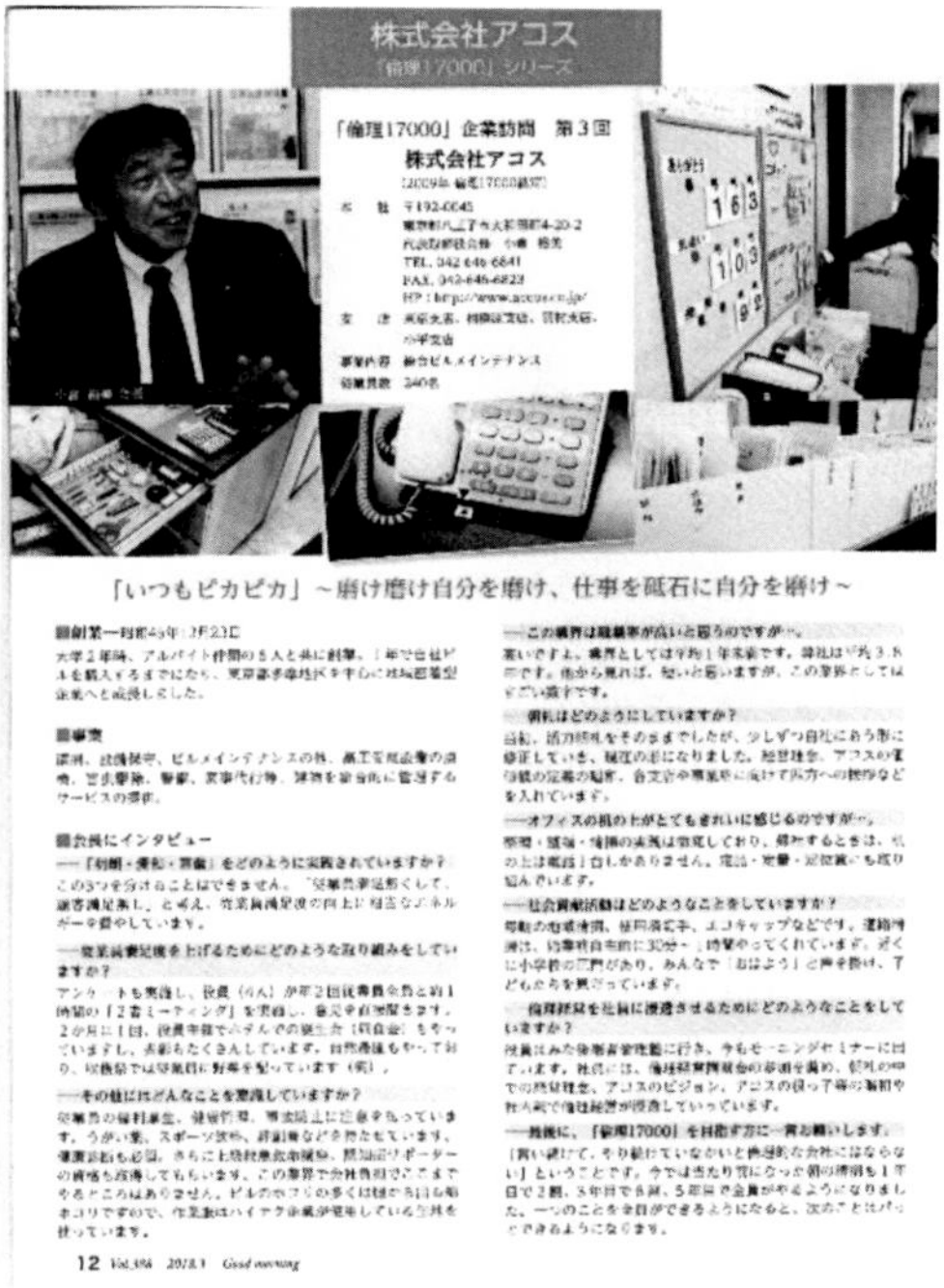
株式会社アコス

「倫理17000」シリーズ

「倫理17000」企業訪問　第3回

株式会社アコス

「いつもピカピカ」～磨け磨け自分を磨け、仕事を砥石に自分を磨け～

■会長にインタビュー

12

小倉：まあ、そうやって変えてきたんですよね。時代のその都度いろんなことが起きて、会社っていつもいつも安定してずっといくなんてこと絶対ありえませんから。この山ドーンっていうのが必ずあるんで、その時にどうするかっていうのは、もう決断しかないですよね。

坂本：その覚悟の原点になるのが会社の理念っていうところに？

小倉：そうですね。理念的なものが大事だと思いますね。**理念がしっかりしていれば、その理念に基づいて続けることができるし、それがないとどっかブレていってしまう。ブレというか迷う人っていうのは、そういう信念がないから、あっちいってみたりこっちいってみたり。**

こっちの水がおいしいぞっていったらそっち行ってみて、こっちがまずいぞっていったら、そっちから逃げると。

坂本：いろんなビジネスに手を出しちゃってみたいのもありますもんね。

小倉：そう、あっちもこっちも。「一人で私、事業始めたんです。あれもやっていますこれもやっています」、「お前、なに屋？」っていうことをやる人がいるんだけど、やっぱり**何か一つに絞って特化するものに磨きをかけないと、これは難しい**と思うね。相手が信用しないよ。

坂本：そうですよね。

釣部：坂本さん、困難にぶち当たった時に、なぜ自分がそれを続けるのかっていう理由を明確にしといたらいいってことおっしゃっていますよね？

坂本：なぜこの事業をやるのかっていうところが、やっぱり非常に大事になるなって思いますし、やっぱりブレない軸っていうのは、これ本当にいろんな経営者さんに聞かせていただきましたけど、改めて小倉会長に言われて、そこは本当に大事な部分だなっていうのはすごく思いましたね。

釣部：小倉さん、1時間お話していかがでしたか？

小倉：こういう対談って、私めったにないんで。たまにあるけれどもちょっと内容が違うんで、なんか緊張しますね（笑）

若い経営者の方に対してということですの

ACCOS 代表取締役社長
小倉 裕美

で、そういった方たちが、もし私がしゃべったことで参考になれば、いくらでもうちの会社に来ていただいても結構ですし、そういう形でお話することも相談に乗ることもできます。

ただ、それが正解かどうかっていうのは、これはあなたが考えることです。私が決めることじゃないし、**経営は一つの答えなんて絶対あり得ないんで。やり方次第でいくらでも答えはあるん**です。ですから、それはもうその人がどう覚悟して決めてどうするのかってそれが答えですから。アドバイスはできますよ。

釣部：坂本さん、この対談いかがでしたか？

坂本：本当に最後のお話もそうですね、覚悟って。経営者って本当にいろんな困難にぶつかったり、なかなかそれを人に相談できなかったり。あと答えが分かんないですよね。どれが正しいかっていうのは分かんない。

さっきもおっしゃったように、得たものをまた捨てないといけなくなるのって、本当に極限まで追い込まれるんですよね。そういう中で小倉会長の考え、信念というのを今日聞かせていただいて、いろんな戦略があって、従業員のためとか、お客さんのためっていうのが本当に真摯にお仕事をされてこの50年という重みが培われているんだなと思いました。本当に勉強になりました。

釣部：もっと本当にいっぱいお話を聞きたいんですけれども、時間となりましたので、これで終わりにしたいと思います。小倉さん、坂本さん、どうもありがとうございました。

【小倉裕美プロフィール】
1950 年 6 月 15 日　東京都八王子に生まれる。
【学歴】
八王子市立第三小学校　卒業
八王子市立第六中学校　卒業
東京都立富士森高校　卒業
関東学院大学工学部土木学科　卒業（1972 年）
【職歴】
1970 年　ニュータウン建物管理株式会社設立取締役に就任
1981 年　ニュータウンリフォームサービス株式会社　設立
代表取締役に就任
1984 年　株式会社前田設備の株式取得　代表取締役に就任
1985 年　ミニメイド・サービス株式会社設立
取締役に就任
1986 年　ニュータウンピルサービス株式会社
代表取締役に就任
1993 年　ニュータウン建物管理株式会社を株式会社アコスに社名変更、同時にニュータウングループからアコスグループに変更
2010 年　複合物流施設開発株式会社　代表取締役に就任

【現在】
株式会社アコス　代表取締役会会長
株式会社アコシステム　代表取締役社長
複合物流施設開発株式会社　代表取締役

【株式アコス】
2010 年　倫理研究所倫理 17000 ライセンス認定企業となる
2013 年　全国企業品質賞中小規模部門　大賞受賞
2014 年　全国企業品質賞中規模部門　エクセレント賞受賞

【倫理歴】

2000年8月8日	日野市倫理法人会設立時参加
2000年度～2003年度	同　会長
2004年度～2009年度	東京都倫理法人会　副会長
2010年度～2011年度	東京都倫理法人会　幹事長
2012年度	東京都倫理法人会　会長
2013年度～2020年度	同　相談役
2015年度～2020年度	倫理研究所 法人スーパーバイザー
2021年度～	倫理研究所 法人アドバイザー

【趣味】

ゴルフ、釣り、山上り（平成16年8月アフリカ最高峰キリマンジェロ（5950m）登頂

【モットー】

「言い続けて　やり続けて」

【坂本憲彦プロフィール】

起業家教育の専門家。1975 年、和歌山県生まれ。一般財団法人 立志財団 理事長。
大学を卒業後、西日本シティ銀行に入行。6 年半、法人・個人向けの融資や営業を担当する。
30歳で独立し、ビジネススクール、速読講座、飲食店、貸会議室などを立ち上げ年商5億円まで成長させる。10年以上に渡り、1万人以上の起業家の指導を続けている。
現在は「起業家教育で人々を幸せに」を理念に立志財団の理事長として志ある起業家の育成に邁進している。著書『6 つの不安がなくなれば あなたの起業は絶対成功する』

創業５０年の清掃会社から学ぶ
心を磨く経営
㈱アコス創業者小倉裕美氏が語る！！

2021 年 1 月 25 日　第 1 刷発行
2023 年 6 月 18 日　第 2 刷発行
著　者　小倉裕美、坂本憲彦
編　集　万代宝書房
発行者　釣部人裕
発行所　万代宝書房
〒176-0002　東京都練馬区桜台 1-6-9-102
電話 080-3916-9383　FAX 03-6883-0791
ホームページ：http://bandaihoshobo.com/
メール：info@bandaihoshibo.com

印刷・製本　小野高速印刷株式会社
落丁本・乱丁本は小社でお取替え致します。

ISBN　978-4-910064-34-5　C0036

装丁・デザイン／ルネ企画 小林 由香

万代宝書房について

みなさんのお仕事・志など、未常識だけど世の中にとって良いもの（こと）はたくさんあります。社会に広く知られるべきことはたくさんあります。社会に残さなくてはいけない思い・実績があります！　それを出版という形で国会図書館に残します！

「万代宝書房」は、「**『人生は宝』、その宝を『人類の宝』まで高め、歴史に残しませんか？**」をキャッチにジャーナリスト釣部人裕が二〇一九年七月に設立した出版社です。

「実語教」（平安時代末期から明治初期にかけて普及していた庶民のための教訓を中心とした初等教科書。江戸時代には寺子屋で使われていたそうです）という千年もの間、読み継がれた道徳の教科書に『富は一生の宝、知恵は万代の宝』という節があり、「お金はその人の一生を豊かにするだけだが、知恵は何世代にも引き継がれ多くの人の共通の宝となる」いう意味からいただきました。

誕生間がない若い出版社ですので、アマゾンと自社サイトでの販売を基本としています。多くの読者と著者の共感をと支援を心よりお願いいたします。

二〇一九年七月八日

万代宝書房